儿童国画入门
花鸟篇

张勇 著

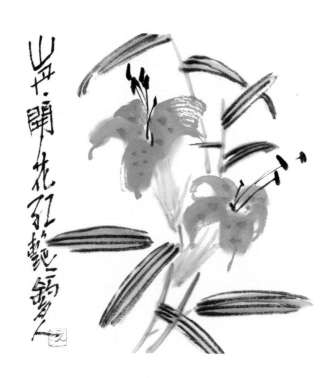

陕西新华出版传媒集团
陕西人民美术出版社

编者按

2001年，陕西人民美术出版社出版了一套"儿童国画入门"丛书，包括《香甜的蔬果》《美丽的花鸟》《可爱的动物》《秀丽的山水》。这套书一经出版就得到全国少儿美术教育专家的肯定和小朋友们的欢迎，至今重印高达十余次。这套书内容丰富，浅显易懂，它是孩子们开启绘画艺术之门的金钥匙，也是引领儿童学习国画的敲门砖。20多年后，我社与张勇老师再次合作，重新编绘一套适合当下小朋友们学习的国画用书。

这套新编的"儿童国画入门"丛书，根据小学美术教育精神最新编写，融入了他在教学实践中新的理解和认识，经过两年的编绘和整理，终于要和小朋友们见面啦！这套书分为《动物篇》《蔬果篇》《花鸟篇》《山水篇》四册。书中的每幅作品从用笔、用墨到重点部位的画法，都有详细的步骤和示范图解。张勇老师将带着小朋友们从了解国画基本知识入手，系统地学习绘画技法。通过学习，小朋友们将会很快入门，画出自己喜欢而满意的作品。

愿这套书能对小朋友们学习中国传统绘画艺术有一定的启示，对提高审美能力有一定帮助。期待每一位热爱绘画的小朋友都能用手中的画笔画出自己喜爱的动物、蔬果、花鸟、山水，把我们的世界装点得更加绚丽多彩。

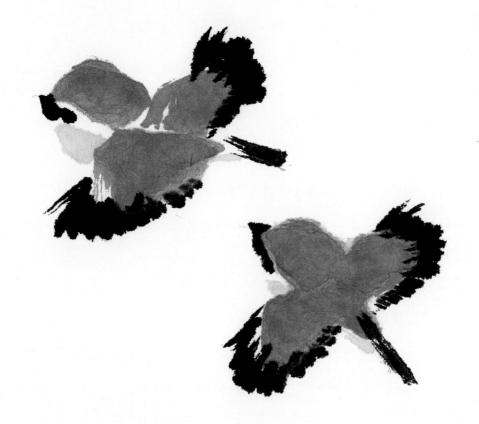

高飛
壬子夏釣青人

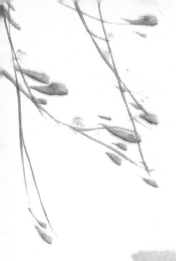

目　录

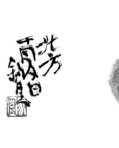
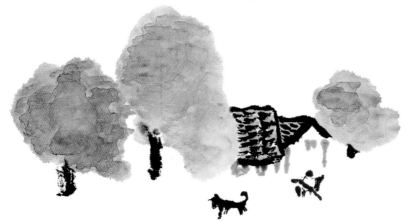

国画的基本知识

工具介绍

宣纸

宣纸分生宣纸和熟宣纸，一般写意画使用生宣纸，常用的是徽宣、川宣。

生宣纸的特征：洁白、质绵软，有强烈的渗化效果，也称发墨，使其具有明显的绘画特点。

熟宣纸的特征：不吸墨，墨在纸上，不散不洇。适合小楷、工笔画等。

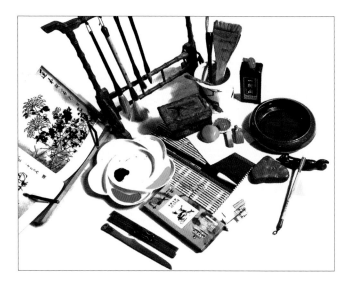

毛笔

毛笔是中国传统书画的基本使用工具，一般有软质毫、硬质毫和兼毫之分。毛笔按笔锋长短、大小不同来分型号，有大白云、中白云、小白云或大京提、小京提等。

硬质毫：以狼毛、鬃毛、獾毛来制笔，统称狼毫。特征：吸水量少而弹性强。

软质毫：以羊毛、兔毛来制笔，统称羊毫。特征：吸水量大而弹性小。

兼毫：将以上两种毛笔的性能兼制而成。特征：吸水量适中，弹性适中。

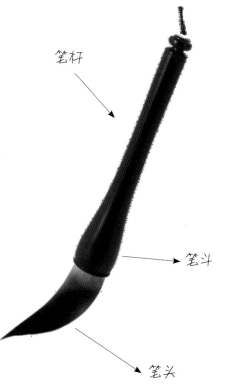

笔杆

笔斗

笔头

墨汁和颜料

墨汁：指书画墨汁，譬如一得阁、曹素功书画墨汁等。

颜料：中国画颜料。

用笔方法

中锋运笔

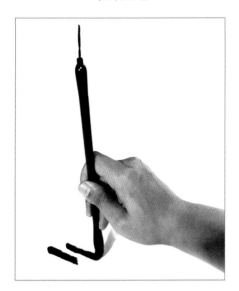

中锋运笔为造型提供线条的质量,强调圆和立体感,有内劲,含而不露。中锋运笔时笔身要正,要讲究提、按、顿、挫,要流畅。

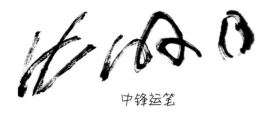

中锋运笔

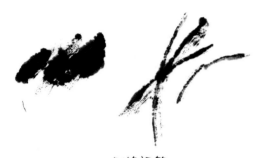

侧锋运笔

侧锋运笔

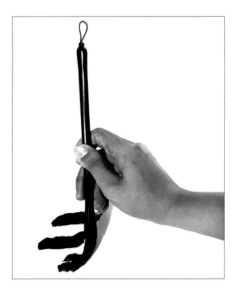

侧锋运笔常为取势,多用于泼墨、泼色、染色,也要起到造型的功能。

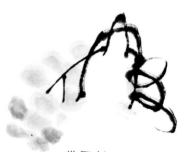

常用处

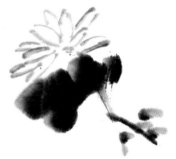

常用处

用墨方法

墨分五色：焦墨、浓墨、重墨、淡墨、清墨。在本书中,着重介绍焦墨、浓墨、淡墨三种表现方法。

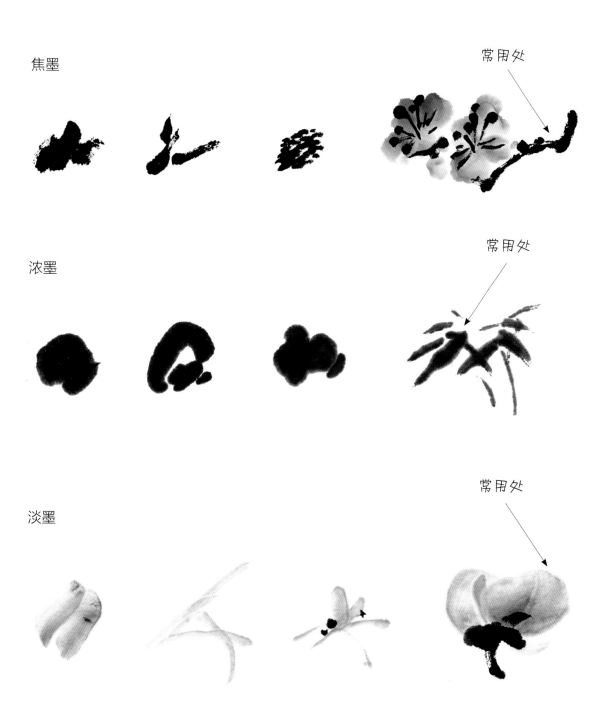

焦墨

常用处

浓墨

常用处

淡墨

常用处

蘸水方法

整笔蘸水：指整个笔头蘸
水，使笔肚饱满。

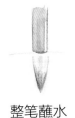

整笔蘸水

水色饱和

笔尖蘸水：指笔尖轻轻蘸
一点水，增加墨色变化。

笔尖蘸水

前端色淡 后端较重

笔根蘸水：指笔根蘸水来
推进颜色的变化。

笔根蘸水

前端色重 后端较淡

调色方法

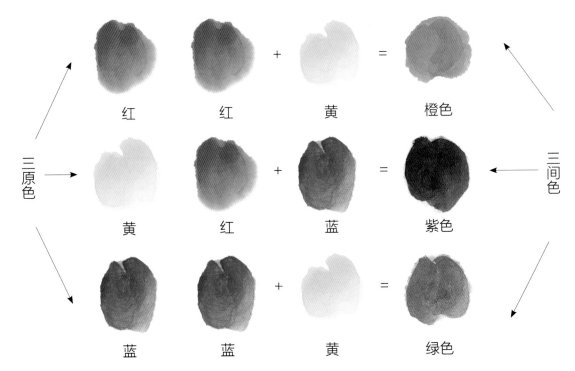

红

红 ＋ 黄 ＝ 橙色

三原色

黄

红 ＋ 蓝 ＝ 紫色

三间色

蓝

蓝 ＋ 黄 ＝ 绿色

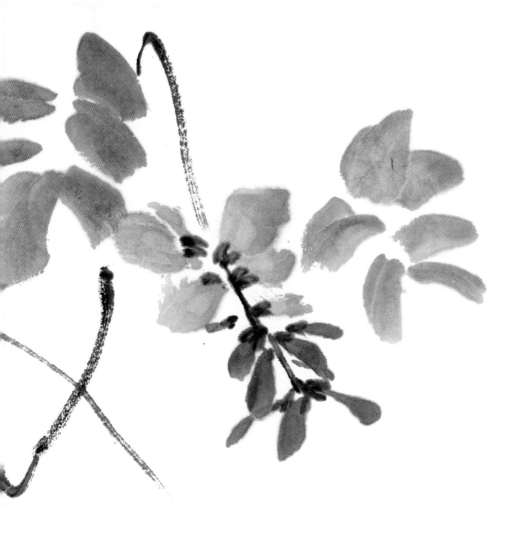

课徒示范

梅 花

绘画步骤

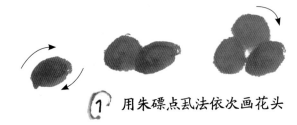

1 用朱磦点瓦法依次画花头

2 焦墨点花蕊和花蒂

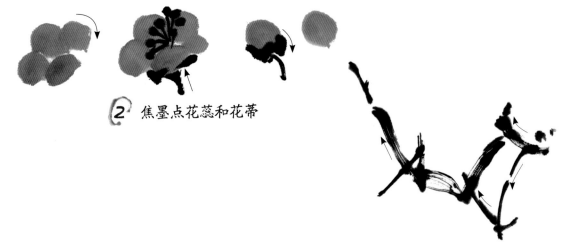

3 中锋重墨画树枝

梅花的另一种示范画法

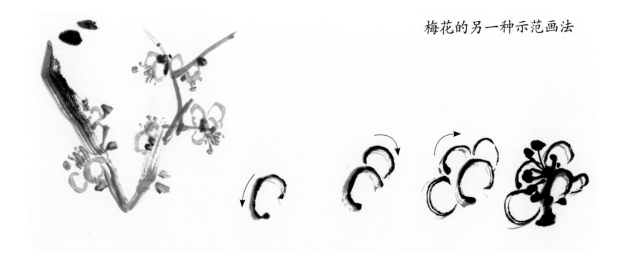

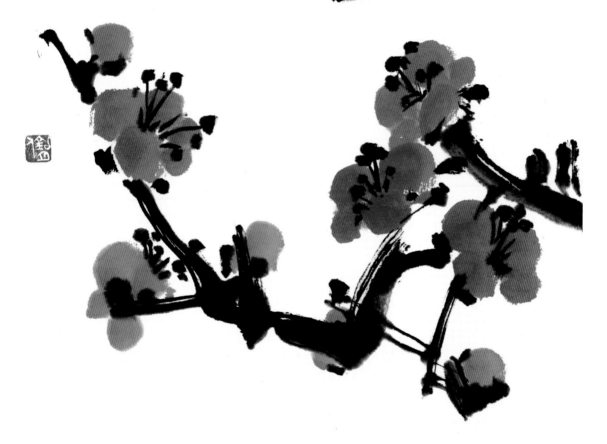

报春图 己亥钓月日人

兰 花

绘画步骤

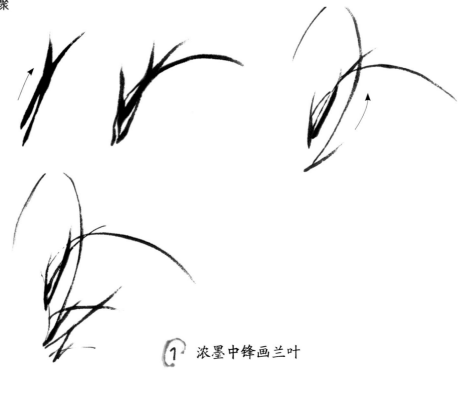

① 浓墨中锋画兰叶

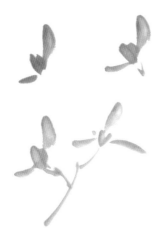

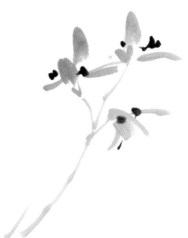

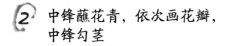

② 中锋蘸花青，依次画花瓣，
中锋勾茎

③ 焦墨点亢花蕊

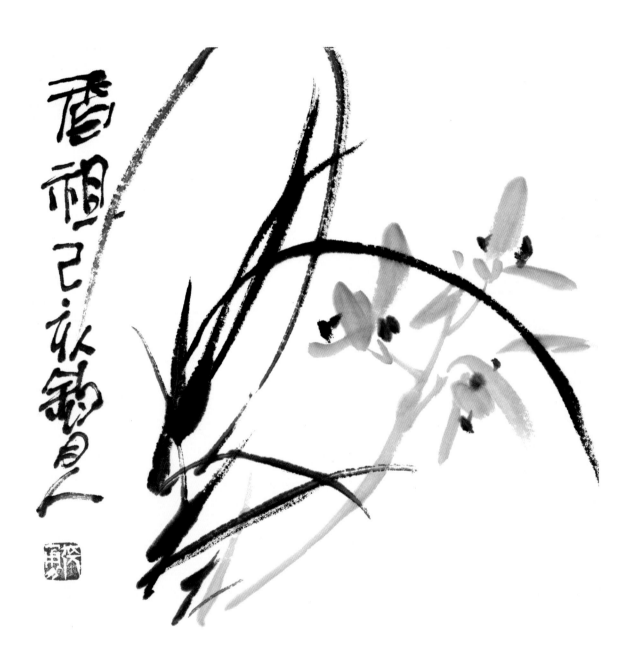

竹 子

绘画步骤

① 浓墨中锋依次画出竹叶

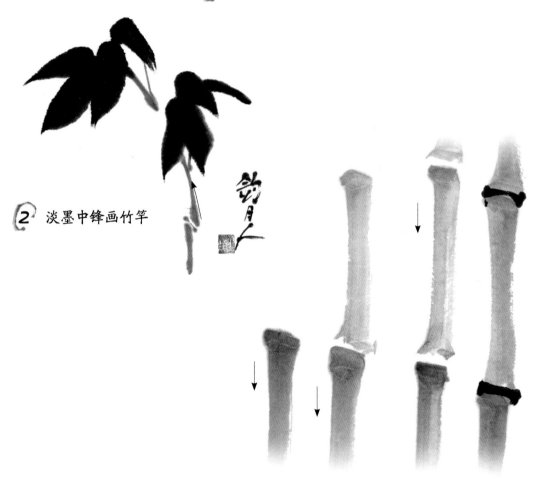

② 淡墨中锋画竹竿

③ 大笔蘸汁绿画竹竿
焦墨中锋画竹节

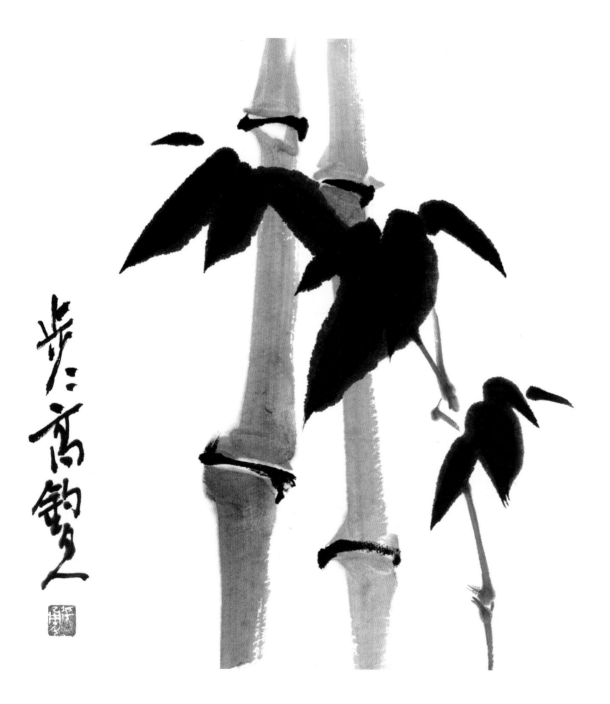

菊 花

绘画步骤

   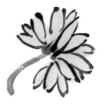

1 勾勒法依次勾出花头

2 大笔蘸藤黄染出花头，
淡墨中锋勾出花茎

  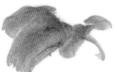

3 汁绿色大笔侧锋泼墨法画叶

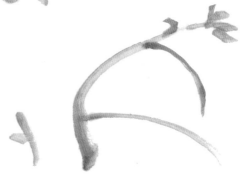

4 汁绿中锋用笔勾枝干

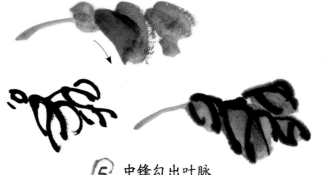 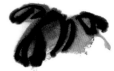

5 中锋勾出叶脉

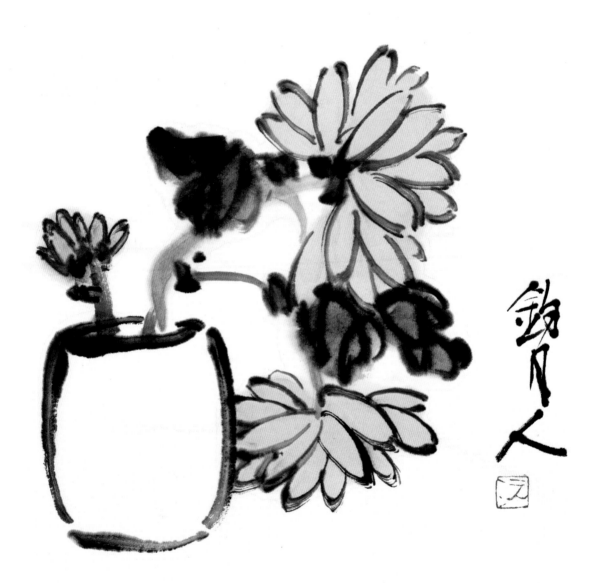

荷 花

绘画步骤

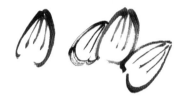

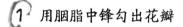

1 用胭脂中锋勾出花瓣

2 用朱磦大笔染花头

3 用藤黄勾出莲蓬，焦墨点莲子，
中锋蘸汁绿勾出花茎，并点出茎上的毛刺

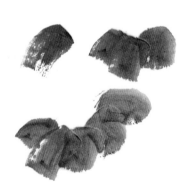

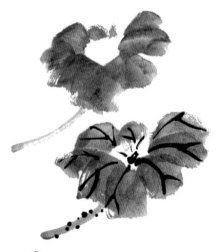

4 汁绿大笔侧锋画出荷叶

5 中锋勾茎，重墨勾出叶筋，
点出茎上的毛刺

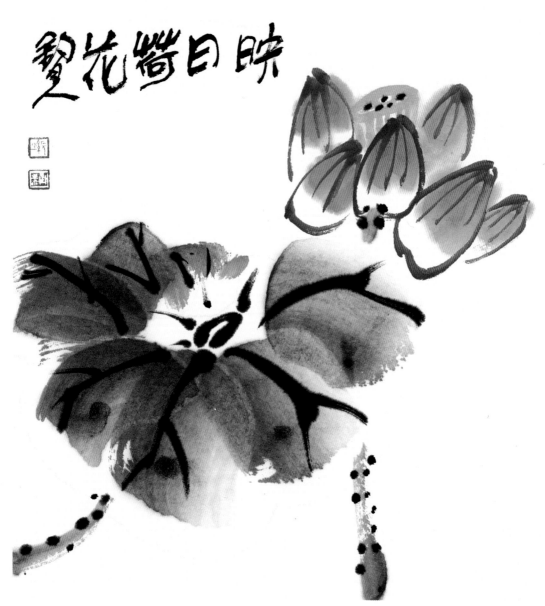

牵 牛 花

绘画步骤

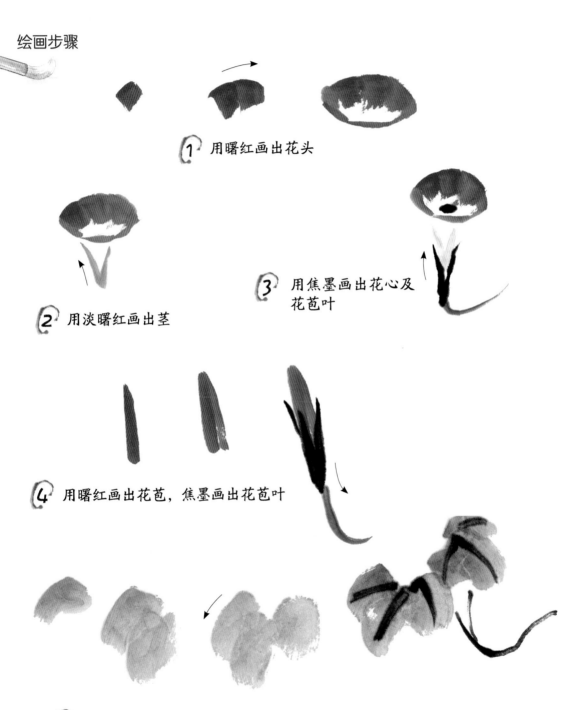

1 用曙红画出花头

2 用淡曙红画出茎

3 用焦墨画出花心及花苞叶

4 用曙红画出花苞，焦墨画出花苞叶

5 大笔侧锋蘸汁绿画出叶，重墨勾出叶筋

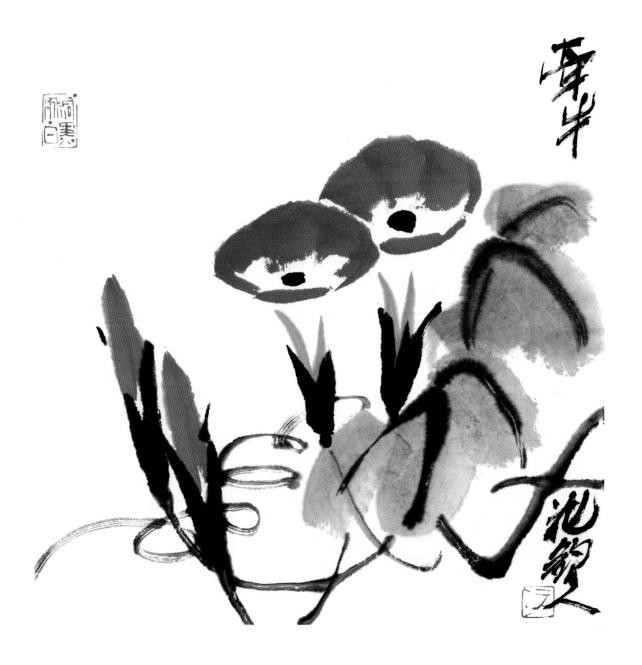

紫 藤

绘画步骤

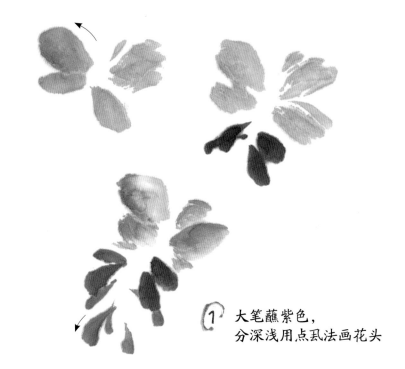

1 大笔蘸紫色，
分深浅用点虱法画花头

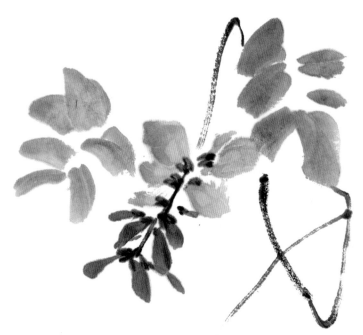

2 大笔三绿画叶子，
淡黑画藤，
藤黄加钛白点虱花蕊，
焦墨画出花蒂

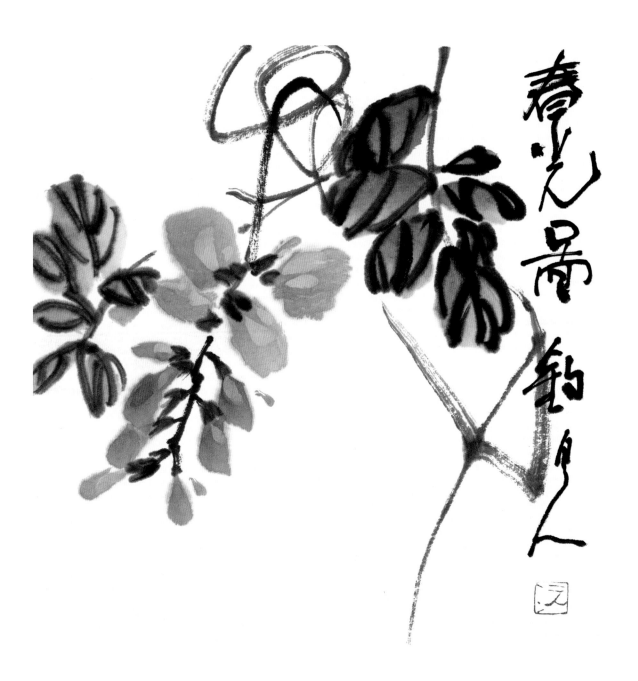

春光昂钓月人

雁来红

绘画步骤

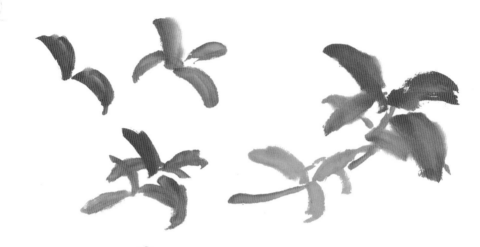

1 大笔蘸朱磦，侧锋画叶子，
中锋勾叶茎

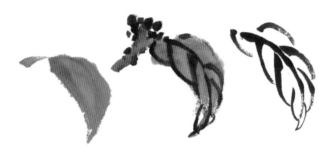

2 用胭脂中锋勾叶筋，用胭脂点点

3 浓墨中锋画蜗牛壳，
淡墨画蜗牛身体和触角

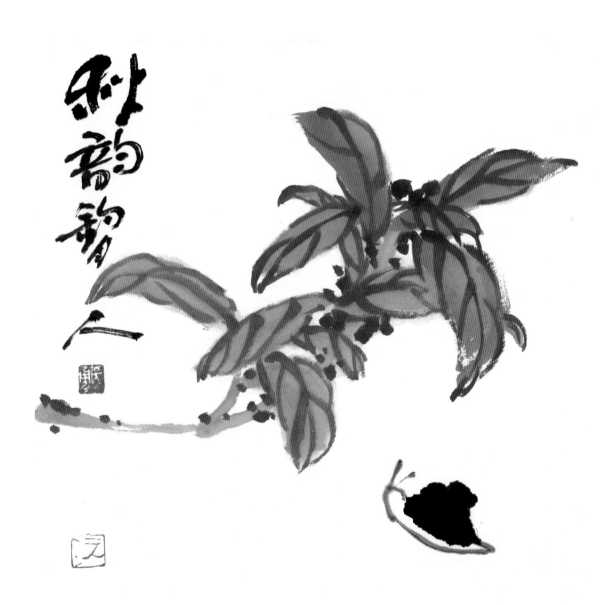

牡 丹

绘画步骤

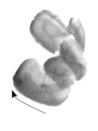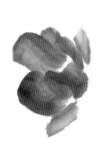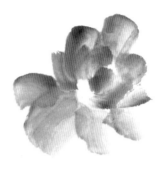

① 大笔蘸胭脂，侧锋用笔依次画出花头

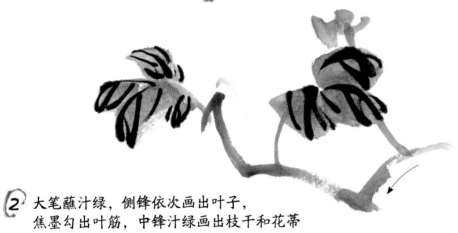

② 大笔蘸汁绿，侧锋依次画出叶子，
焦墨勾出叶筋，中锋汁绿画出枝干和花蒂

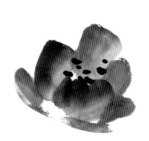
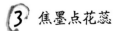

③ 焦墨点花蕊

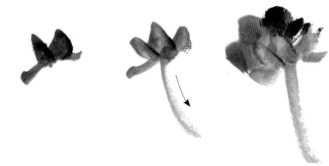

④ 中锋汁绿画茎和花蒂，中锋胭脂画花骨朵

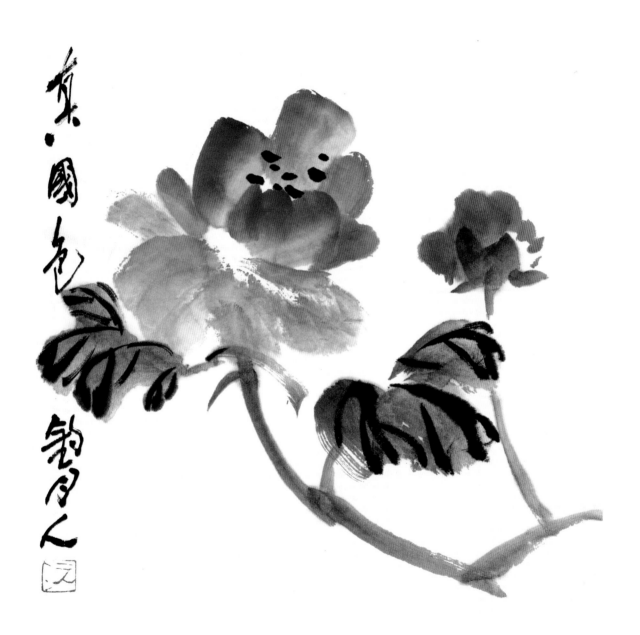

海 棠

绘画步骤

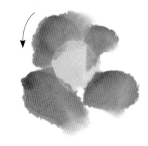

1 藤黄画花蕊　　　　2 朱磦点瓦，依次画花瓣

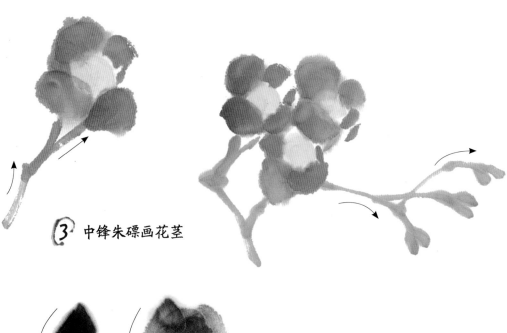

3 中锋朱磦画花茎

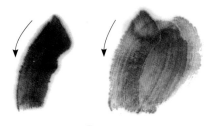

4 大笔蘸淡墨加汁绿，侧锋画叶子，
焦墨勾叶脉，中锋画叶茎

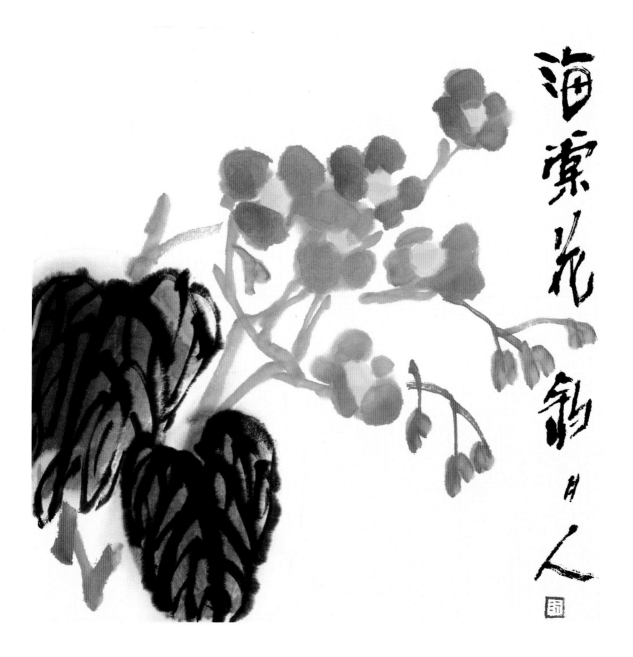

海棠花 釣月人

卷 丹

绘画步骤

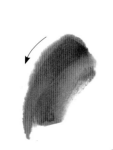
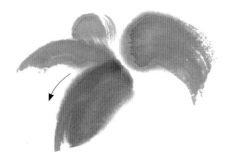
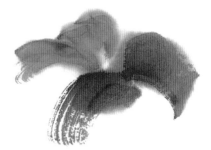

1 大笔蘸朱磦，侧锋画花头

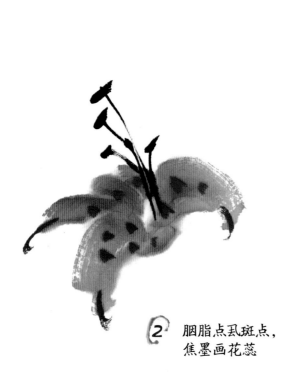

2 胭脂点瓦斑点，
焦墨画花蕊

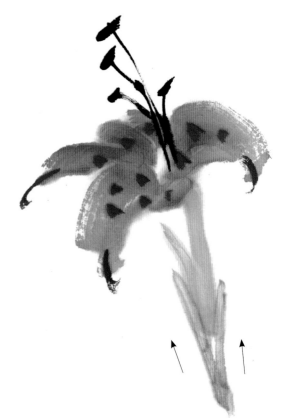

3 淡汁绿、淡朱磦画花茎

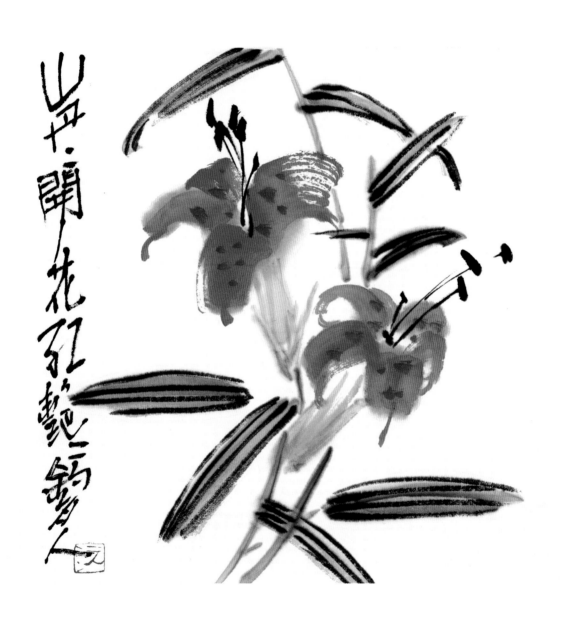

向 日 葵

绘画步骤

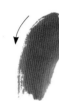 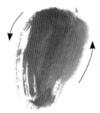

① 大笔蘸赭石画花心

② 焦墨中锋井字形画花蕊

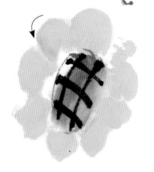

③ 大笔蘸藤黄画花瓣

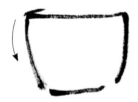 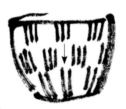 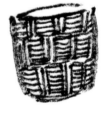

④ 焦墨中锋画花篮

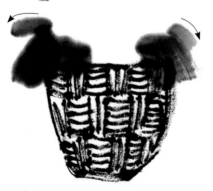

⑤ 大笔浓墨侧锋画叶子

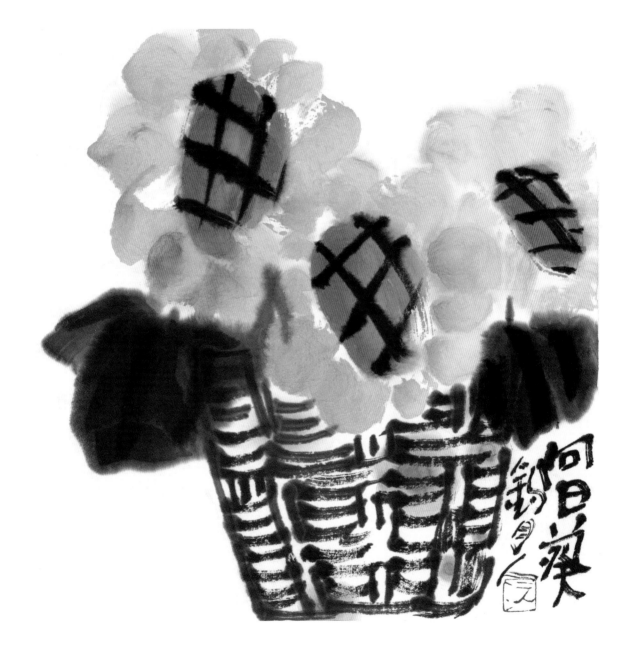

鸡 冠 花

绘画步骤

1 满笔蘸朱磦，笔尖蘸胭脂，点厾法画花冠

2 淡朱磦横向画花头

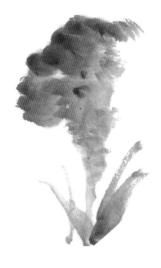

3 大笔蘸胭脂，侧锋画叶子，中锋画花茎

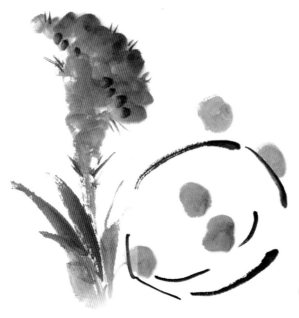

4 用花青点厾法画葡萄，浓墨画盘子

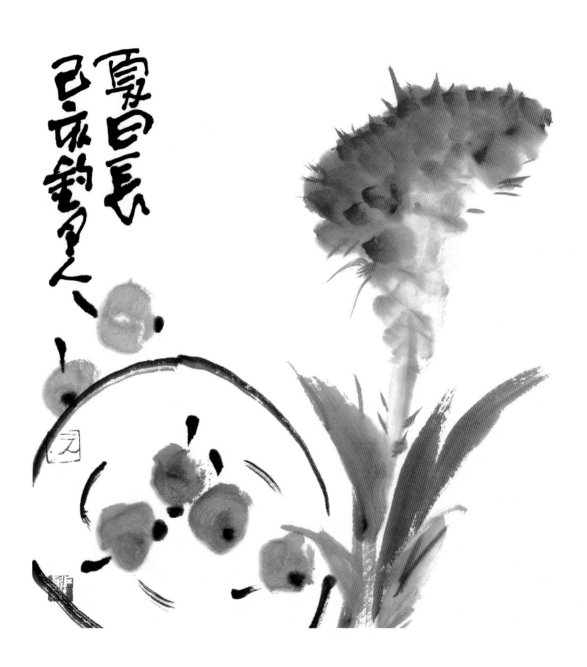

夏日長
已亥約夏人

枫 叶

绘画步骤

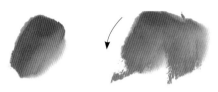

1 大笔蘸曙红，侧锋依次画出叶片

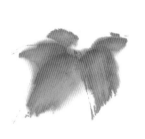 

2 中锋蘸胭脂，勾出叶脉

3 先画红叶，注意大小变化

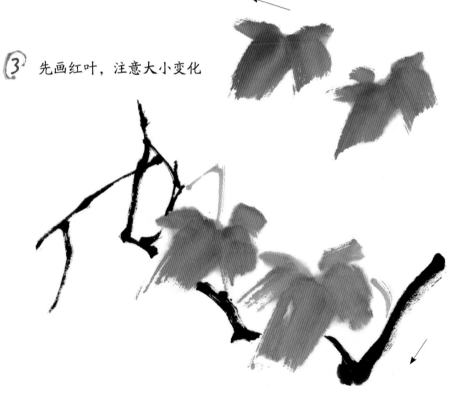

4 中锋蘸焦墨，依次画出枝干

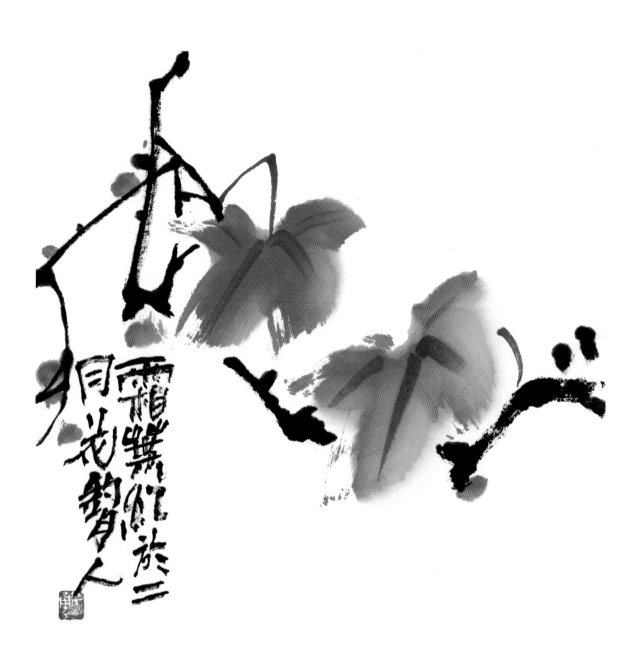

霜蝶飞於二月花韵人

万 年 青

绘画步骤

1 曙红点虬出果实

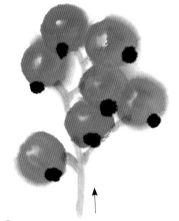

2 用花青依次画花茎，
焦墨点籽

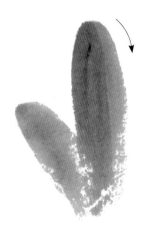

3 大笔中锋花青画叶

4 浓墨勾出叶筋

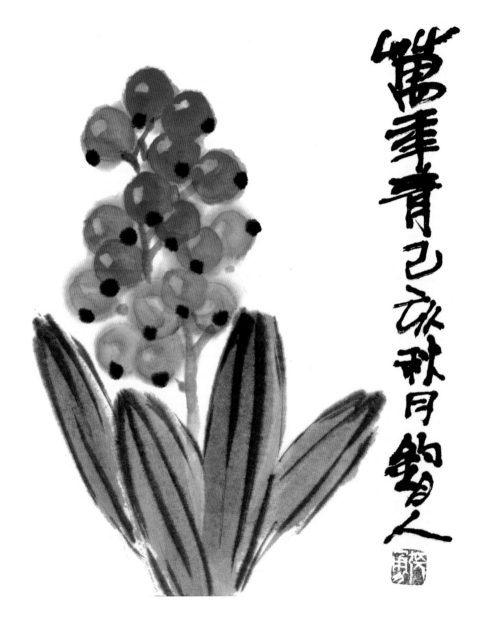

万年青己永秋月钧人

麻 雀

绘画步骤

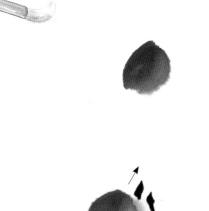

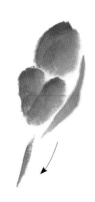

① 赭石画鸟背

② 淡墨画鸟腹

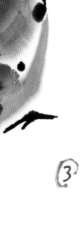

③ 焦墨画鸟喙、鸟眼和斑点，
焦墨画飞羽尾部和鸟爪

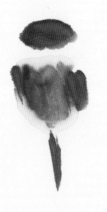

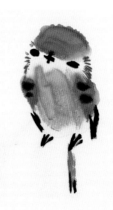

麻雀正面画法示范

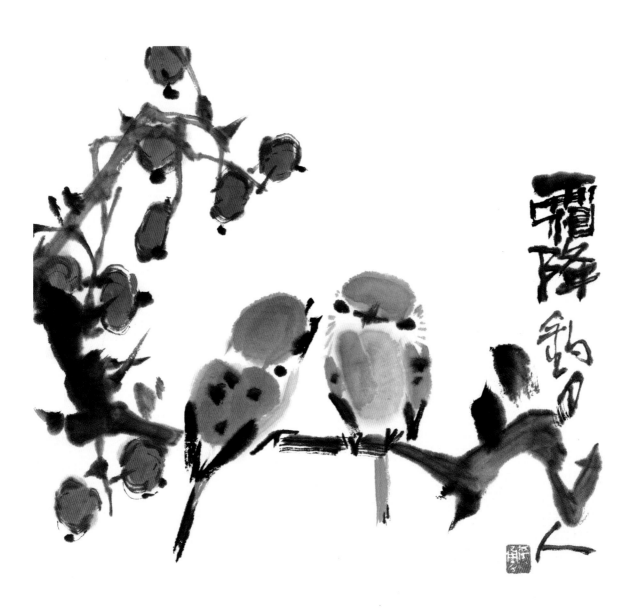

扫码看视频

燕 子

绘画步骤

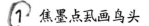

  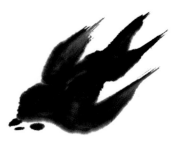

1 焦墨点虱画鸟头　　2 浓墨侧锋画鸟身和翅膀　　3 浓墨侧锋画鸟尾

4 朱磦画鸟腹

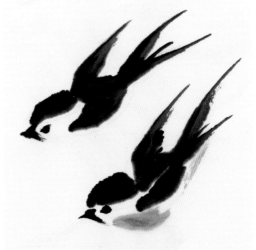

侧飞燕子示范

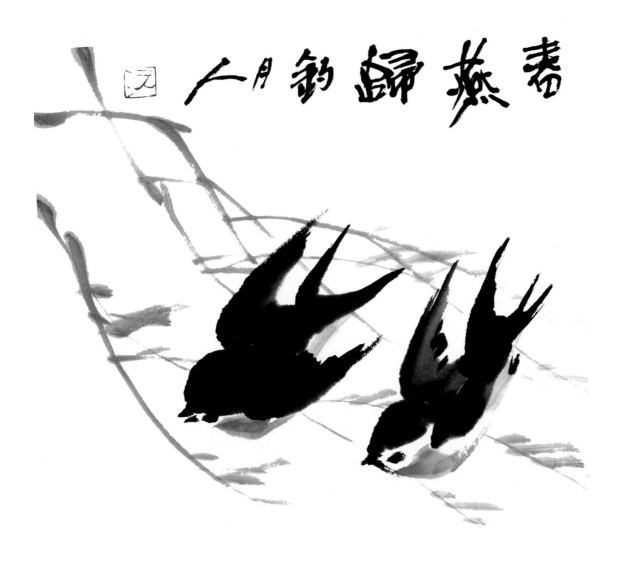

春燕归钓月人

山 雀

绘画步骤

① 焦墨画鸟眼和鸟喙

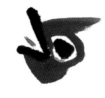

② 大红画鸟头和鸟舌

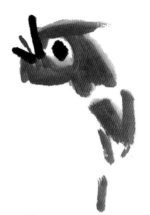

③ 大红画鸟身、鸟尾

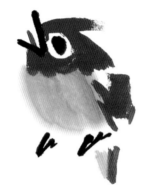

④ 淡朱磦画鸟腹，焦墨画鸟爪

⑤ 花青加藤黄画嫩叶

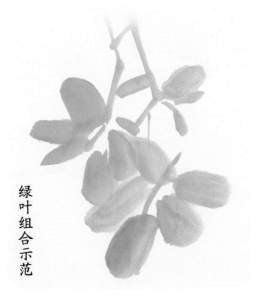

绿叶组合示范

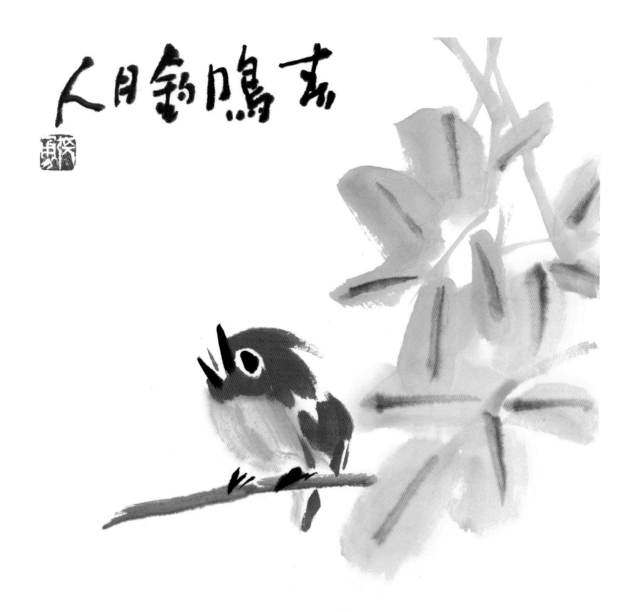

翠 鸟

绘画步骤

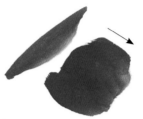

① 青蓝画鸟头、鸟背

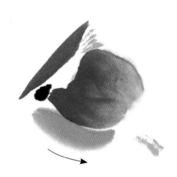

② 焦墨画鸟眼，淡朱磦
画鸟腹、鸟尾

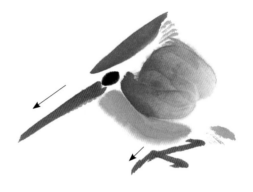

③ 曙红中锋勾鸟喙和鸟爪

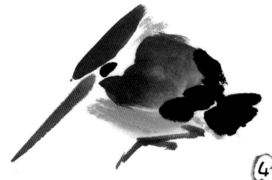

④ 焦墨画飞羽和鸟尾

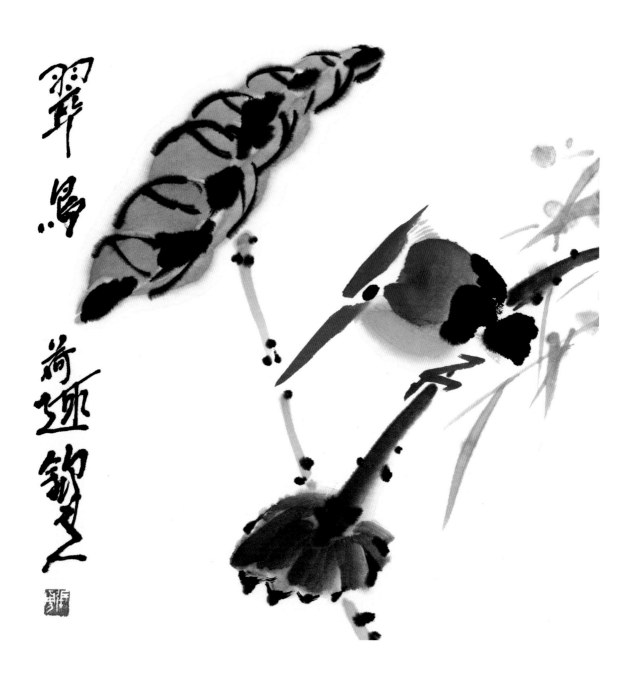

鸽 子

绘画步骤

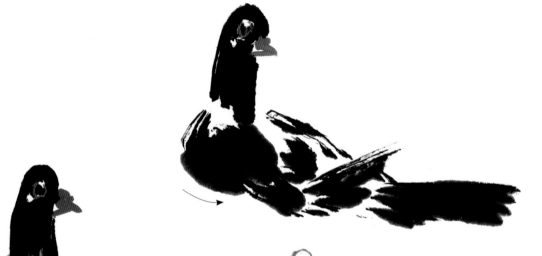

1 焦墨勾鸟眼

2 大红染鸟眼，中锋画鸟喙

3 浓墨画鸟头

4 浓墨画鸟身

5 淡墨补鸟腹和鸟腿，中锋蘸朱磦画鸟爪

鸟爪示范

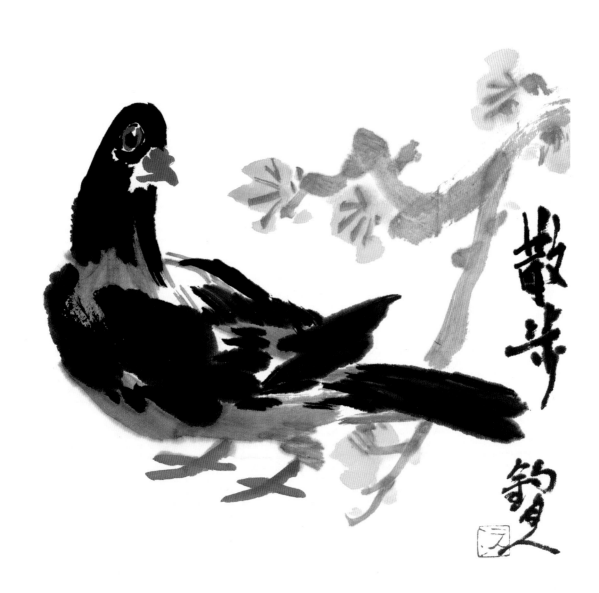

散步

图书在版编目（CIP）数据

儿童国画入门 . 花鸟篇 ／ 张勇著 . -- 西安 ：陕西
人民美术出版社，2022.11
ISBN 978-7-5368-3917-5

Ⅰ . ①儿… Ⅱ . ①张… Ⅲ . ①花鸟画－国画技法－儿
童读物 Ⅳ . ① J212-49

中国版本图书馆 CIP 数据核字（2022）第 202713 号

儿童国画入门　花鸟篇
ERTONG GUOHUA RUMEN　HUANIAO PIAN

张　勇　著

出版发行	陕西新华出版传媒集团 陕西 人民美术出版社
地　　址	陕西省西安市雁塔区曲江街道登高路 1388 号
邮　　编	710061
经　　销	新华书店
印　　刷	陕西龙山海天艺术印务有限公司
开　　本	787 毫米 ×1042 毫米　1/16
印　　张	3.25
字　　数	23 千字
版　　次	2022 年 11 月第 1 版　2022 年 12 月第 1 次印刷
书　　号	ISBN 978-7-5368-3917-5
定　　价	28.00 元
发行电话	029-81205258　029-81205300